ORDONNANCE DU ROI,

Concernant la Gendarmerie.

Du 5 Juin 1763.

DE PAR LE ROI.

Sa MAJESTÉ jugeant convenable au bien de son service, d'établir l'uniformité entre les compagnies d'ordonnances de la Gendarmerie, pour leur donner une constitution solide & invariable, a ordonné & ordonne ce qui suit :

ARTICLE PREMIER.

Sa Majesté conservera sur pied les dix compagnies des Gendarmes Écossois, Anglois, Bourguignons, de Flandre, de la Reine, Dauphin, de Berri, de Provence, d'Artois & d'Orléans; lesquelles conserveront entre elles, & parmi les compagnies qui forment la Maison de Sa Majesté, le rang dont elles jouissent actuellement.

Compagnies de Gendarmes conservées.

C 1

I I.

Compagnies des Chevaux-légers fupprimées.

LES fix compagnies de Chevaux-légers de la Reine, Dauphin, de Berri, de Provence, d'Artois & d'Orléans feront fupprimées & incorporées dans les fix compagnies de Gendarmes qui font fous le même titre: Savoir;

La compagnie des Chevaux-légers de la Reine, dans celle des Gendarmes de la Reine.

La compagnie des Chevaux-légers Dauphin, dans celle des Gendarmes Dauphin.

La compagnie de Chevaux-légers de Berri, dans celle des Gendarmes de Berri.

La compagnie des Chevaux-légers de Provence, dans celle des Gendarmes de Provence.

La compagnie des Chevaux-légers d'Artois, dans celle des Gendarmes d'Artois.

Et la compagnie des Chevaux-légers d'Orléans, dans celle des Gendarmes d'Orléans.

I I I.

Nombre des Officiers par compagnie.

CHACUNE des dix compagnies de Gendarmes confervées, formera à l'avenir un efcadron, & continuera d'être commandée par un Capitaine-lieutenant, un Sous-lieutenant, un Enfeigne & un Guidon. Veut à cet effet Sa Majefté que dans les fix compagnies qui auront reçu l'incorporation d'une compagnie de Chevaux-légers, & qui, par cette incorporation, auront deux Officiers de chaque grade, le moins ancien de chaque grade foit réformé.

Indépendamment de ces quatre Officiers fupérieurs, il y aura dans chaque compagnie fix Maréchaux-des-logis, lefquels ne feront point nombre dans la compagnie.

I V.

VEUT Sa Majefté qu'il foit établi, dans chacune defdites dix compagnies, trois Fourriers & douze places de Gendarmes appointés.

V.

AU moyen de quoi chaque compagnie fera compofée de trois Brigadiers, trois Sous-brigadiers, un Porte-étendard, trois Fourriers, douze Gendarmes appointés, quatre-vingt-quatre Gendarmes & trois Trompettes.

V I.

CHAQUE compagnie, ainfi compofée, fera divifée en trois brigades, dont la première fera commandée par le Capitaine-lieutenant, la feconde par le Sous-lieutenant, & la troifième par l'Enfeigne. Voulant Sa Majefté que lefdites trois brigades, défignées par première, deuxième & troifième brigades, confervent toujours entre elles le même rang dans la compagnie, & foient toujours fubordonnées au Capitaine-lieutenant.

L'intention de Sa Majefté étant auffi que lefdits Officiers foient chargés de l'entretien, des réparations & des remontes de leurs brigades, fuivant l'ufage pratiqué dans la Gendarmerie.

V I I.

CHACUNE des trois brigades de chaque compagnie, fera compofée, en temps de paix, d'un Brigadier, d'un Sous-brigadier, d'un Fourrier, quatre Gendarmes appointés, vingt-huit Gendarmes & d'un Trompette, & elle fera fubordonnée à deux Maréchaux-des-logis.

Les quatre Appointés & les vingt-huit Gendarmes formeront quatre efcouades de huit Gendarmes chacune, y compris un Appointé.

La première & la troisième efcouade formeront la première divifion, à laquelle fera attaché le Brigadier.

La deuxième & la quatrième efcouade formeront la feconde divifion, à laquelle fera attaché le Sous-brigadier.

La première divifion fera fubordonnée au premier Maréchal-des-logis, & la feconde au fecond Maréchal-des-logis.

V I I I.

Compte rendu par les Chefs d'efcouades.

CHAQUE Appointé rendra journellement compte des détails de fon efcouade au Brigadier ou au Sous-brigadier, ceux-ci aux Maréchaux-des-logis; chaque Maréchal-des-logis aux Officiers fupérieurs & à ceux de l'État-major, & les Officiers fupérieurs par gradation au Capitaine-lieutenant de la compagnie.

I X.

Compofition des brigades en temps de guerre.

L'INTENTION de Sa Majefté eft, que chaque brigade conferve la même compofition en temps de guerre; fe réfervant, lorfque les circonftances l'exigeront, d'augmenter feulement chaque efcouade, d'un nombre égal d'hommes & de chevaux.

X.

Création de deux Sous-aides-major.

SA MAJESTÉ voulant augmenter les Officiers de l'État-major de la Gendarmerie, veut qu'il foit établi dans ce corps deux Sous-aides-majors de plus', lefquels auront rang de premiers Maréchaux-des-logis.

X I.

Création de deux Fourriers-majors.

VEUT auffi Sa Majefté qu'il foit établi deux places de Fourriers-majors, lefquels auront rang de derniers Maréchaux-des-logis, commanderont les autres Fourriers, & feront chargés du logement, du campement, des diftributions & autres fonctions relatives, fupérieurement auxdits Fourriers.

Ils feront propofés à Sa Majefté par le Major de la Gendarmerie, lequel les fera recevoir fur les brevets qui leur feront expédiés par Sa Majefté lorfqu'Elle les aura agréés.

X I I.

Il n'y aura plus à l'avenir pour le corps, qu'un feul Timbalier, lequel appartiendra aux dix compagnies de Gendarmerie, & il fera attaché à l'État-major, les fept autres feront fupprimés & renvoyés.

Un Timbalier pour tout le corps.

X I I I.

Au moyen de ce qui eft prefcrit par les articles X, XI & XII, l'État-major de ce corps fera compofé d'un Major Infpecteur du corps, d'un Aide-major, de quatre Sous-aides-major, deux Fourriers-majors, deux Aumôniers & d'un Timbalier.

Compofition de l'État-major.

X I V.

L'Aide-major de la Gendarmerie informera exactement le Major des détails qui concernent la police, la difcipline, les exercices, les réparations, la tenue, & généralement tout le fervice du corps; il ne s'abfentera que fur une permiffion expreffe de Sa Majefté.

Fonctions des Aides-major.

X V.

Les Sous-aides-major feront fubordonnés à l'Aide-major; ils feront chargés de faire de fréquentes vifites des quartiers, pour rendre compte du progrès des exercices; en l'abfence de l'Aide-major, le premier Sous-aide-major fuppléera à fes fonctions.

Sous-aides-major.

X V I.

Le Porte-étendard fera toujours le premier Gendarme de la compagnie, il aura rang de dernier Brigadier dans fa compagnie feulement, fera toujours attaché à la

Porte-étendard.

première brigade, & il lui fera expédié des lettres pour tenir rang de Lieutenant de Cavalerie, ainſi qu'aux autres Brigadiers.

X V I I.

Fourriers.

LES Fourriers feront fubordonnés aux Fourriers-majors; ils feront chargés fous eux du logement, du campement & des diſtributions, feront reçus à la tête de la compagnie par le Capitaine-lieutenant, & commanderont les Gendarmes de la compagnie.

X V I I I.

Choix des Maréchaux-des-logis.

LES Maréchaux-des-logis continueront d'être choiſis dans la forme ordinaire, parmi les meilleurs fujets & les plus capables de remplir convenablement cet emploi.

X I X.

Choix des Brigadiers & Sous-brigadiers.

POUR aſſurer davantage le choix defdits Maréchaux-des-logis, qui doivent être pris par préférence parmi les Brigadiers ou Sous-brigadiers, Sa Majeſté a réglé que lorfqu'il vaquera une place de Brigadier ou de Sous-brigadier dans une des dix compagnies de la Gendarmerie, les fix Maréchaux-des-logis & les autres Brigadiers ou Sous-brigadiers de la compagnie, s'aſſembleront, avec les deux Fourriers-majors, chez l'Aide-major, ou en fon abfence, chez le premier Sous-aide-major, pour choifir entre le Porte-étendard & les trois Fourriers de la compagnie, fans aucun égard à l'ancienneté, les deux fujets qu'ils croiront les plus propres à remplir la place vacante, ils les préfenteront au Capitaine-lieutenant de la compagnie, lequel après avoir pris l'avis du Chef de la brigade dans laquelle la place fera vacante, nommera celui des deux Sujets propofés qui lui paroîtra mériter la préférence.

X X.

LORSQU'IL vaquera une place de Fourrier dans une compagnie, les deux plus anciens Maréchaux-des-logis, les deux plus anciens Brigadiers ou Sous-brigadiers, le Porte-étendard & les Fourriers de la compagnie, s'assembleront, avec les deux Fourriers-majors, chez l'Aide-major, & en son absence, chez le premier Sous-aide-major, pour choisir parmi tous les Appointés de la compagnie, trois sujets qu'ils présenteront au Capitaine-lieutenant, lequel nommera, de la manière réglée par l'article XIX, l'un des trois sujets proposés.

Choix des Fourriers.

X X I.

A l'égard des places de Gendarmes appointés, elles appartiendront toujours de droit aux quatre plus anciens Gendarmes de chaque brigade, & ils commanderont l'escouade dont ils feront partie.

Gendarmes appointés.

X X I I.

L'INTENTION de Sa Majesté est que les Chefs de brigade prennent une parfaite connoissance de tous ceux qui se présenteront pour servir dans la Gendarmerie, afin de n'en recevoir aucun qui ne soit capable par sa naissance & ses mœurs, de servir avec distinction : Enjoint Sa Majesté au Major d'y tenir exactement la main, & d'examiner les témoignages & les certificats sur lesquels tous les Gendarmes auront été reçus, pour remédier aux abus qui pourroient s'introduire à cet égard.

Choix des Gendarmes.

X X I I I.

SA MAJESTÉ ayant réglé, pour les dix compagnies de sa Gendarmerie, une paye fixe, qui sera la même soit en temps de paix, soit en temps de guerre, Elle veut & entend que les appointemens & solde soient payés

Appointemens & solde.

8

auxdites dix compagnies de Gendarmes, fur le pied par jour,

S A V O I R,

	TEMPS DE PAIX *ou* DE GUERRE.						
	Par jour.			Par mois.			Par an.
A chaque Capitaine-lieutenant.........	26^l	7^f	9$^{d}\frac{1}{3}$	791^l	13^f	4^d	9500^l
A chaque Sous-lieutenant.............	18.	1.	1$\frac{1}{3}$	541.	13.	4.	6500.
A chaque Enfeigne..................	11.	2.	2$\frac{2}{3}$	333.	6.	8.	4000.
A chaque Guidon..................	8.	6.	8.	250.	//	//	3000.
A chaque Maréchal-des-logis..........	3.	8.	4.	102.	10.	//	1230.
A chaque Brigadier ou Sous-brigadier....	1.	16.	//	54.	//	//	648.
A chaque Porte-étendard	1.	10.	//	45.	//	//	540.
A chaque Fourrier..................	1.	6.	8.	40.	//	//	480.
A chaque Gendarme appointé.........	1.	1.	//	31.	10.	//	378.
A chaque Gendarme.................	//	18.	//	27.	//	//	324.
A chaque Trompette................	1.	2.	//	33.	//	//	396.
ÉTAT-MAJOR.							
Au Major, pour tout traitement & frais d'infpection.................	33.	6.	8.	1000.	//	//	12000.
A l'Aide-major.....	16.	13.	4.	500.	//	//	6000.
A chacun des deux premiers Sous-aides-major.	5.	11.	1$\frac{1}{3}$	166.	13.	4.	2000.
A chacun des deux feconds Sous-aides-major.	4.	8.	10$\frac{2}{3}$	133.	6.	8.	1600.
A chacun des deux Fourriers-majors.....	3.	6.	8.	100.	//	//	1200.
Au premier Aumônier, en fupprimant la retenue qui fe faifoit en fa faveur pour le port de la chapelle.................	3.	6.	8.	100.	//	//	1200.
Au fecond Aumônier.................	2.	//	//	60.	//	//	720.
Au Timbalier......................	1.	2.	//	33.	//	//	396.

X X I V.

VEUT Sa Majefté qu'au moyen des appointemens & folde réglés par l'article XXIII, toutes les penfions attachées aux charges des Officiers fupérieurs, de ceux de l'État-major & aux places d'anciens Maréchaux-des-logis, Brigadiers & Gendarmes, ainfi que les gratifications accordées pour le détail aux Officiers de l'État-major, foient & demeurent fupprimées, à commencer du jour de la nouvelle compofition prefcrite par la préfente ordonnance; fe réfervant Sa Majefté de régler par la fuite le traitement extraordinaire qu'Elle jugera à propos d'accorder, en temps de guerre, au corps de la Gendarmerie.

X X V.

LES Officiers fupérieurs defdites dix compagnies de Gendarmes, le Major & l'Aide-major, continueront d'être payés des appointemens qui leur font réglés par l'article XXIII, fur les états que Sa Majefté en fera expédier, fuivant l'ufage : A l'égard des autres Officiers & des Gendarmes, ils en feront payés tous les mois par le Tréforier général de l'Ordinaire des guerres.

X X V I.

LES Maréchaux-des-logis, les quatre Sous-aides-major & les deux Fourriers-majors, feront tenus d'avoir toujours & en tout temps un cheval d'efcadron, agréé par le Major; enjoignant Sa Majefté aux Commiffaires des guerres à la conduite & police de la Gendarmerie, d'en faire mention fur leurs revues : Défend auffi Sa Majefté auxdits Officiers de fe défaire defdits chevaux fans la permiffion du Major de la Gendarmerie.

XXVII.

IL sera fourni, en temps de paix, une ration de fourrage pour les chevaux defdits Officiers, dont le prix fera payé avec celui de la ration de fourrage deftinée pour chaque cheval de la troupe.

XXVIII.

IL sera fait en tout temps, fous le titre de Maſſe de l'habillement, une retenue de trois fous par jour fur chaque Brigadier, Porte-étendard, Fourrier, Appointé & Gendarme, dont le fonds fera deftiné à l'habillement de chaque brigade; cette Maſſe demeurera entre les mains du Tréforier général de l'Ordinaire des guerres, qui ne la délivrera au Chef de brigade chargé de l'habillement, que fur la main-levée du Major de la Gendarmerie.

XXIX.

A l'égard du Timbalier & des Trompettes, Sa Majefté continuera de leur faire fournir, dans les temps de l'habillement, les cafaques, les banderolles, le tablier des timbales & les manteaux, lorfqu'ils auront été fupprimés par le Major; Elle leur fournira de plus un furtout de bouracan bleu-de-roi.

XXX.

L'INTENTION de Sa Majefté étant que l'habillement de toutes les brigades fe faſſe en commun, par tous les Chefs de brigade, Elle veut qu'à l'avenir il foit choifi, parmi les chefs de brigade, un Capitaine-lieutenant, un Sous-lieutenant & un Enfeigne, qui feront chargés de l'habillement général, lefquels, de concert avec le Major, règleront le temps où les différentes fournitures devront être livrées fans aucun retard, de manière que le Major puiſſe en examiner les qualités d'aſſez bonne heure, pour refuſer les fournitures défectueuſes.

X X X I.

VEUT Sa Majeſté que lors de chaque habillement du Corps, il ſoit dorénavant livré à chaque Gendarme un ſurtout de bouracan teint en écarlate, avec un collet de même étoffe, le bouton en fil écarlate à grain d'orge, & ſeulement l'épaulette couverte d'un petit bordé d'argent comme à l'habit, afin de conſerver leur uniforme dans la propreté convenable. L'intention de Sa Majeſté étant, à cet effet, que les habits des Gendarmes qui s'abſenteront par congé, ſoient laiſſés en magaſin dans le quartier, & que leſdits Gendarmes n'emportent avec eux que le ſurtout & la bandoulière.

X X X I I.

L'UNIFORME de la Gendarmerie continuera d'être tel qu'il eſt actuellement.

Les Gendarmes appointés ſeront diſtingués des autres Gendarmes, par un grand galon de plus ſur la manche.

Les Porte-étendards & les Fourriers auront de plus un bout du même galon ſur les coutures ſupérieure & infé-rieure du parement.

Les Fourriers-majors auront des habits galonnés à la bourgogne, avec le bordé & le galon pour les agrémens de l'uniforme des Maréchaux-des-logis; les coutures ſupé-rieure & inférieure du parement ſeront auſſi galonnées.

X X X I I I.

UN Sous-lieutenant, un Enseigne & un Guidon ſe rendront, ſur l'avis qu'ils en recevront du Major, les premiers de chaque mois au quartier de l'État-major de

la Gendarmerie, & y feront relevés par d'autres le premier du mois fuivant. L'intention de Sa Majefté étant
qu'ils n'en puiffent pas partir que ceux qui les doivent
relever n'y foient arrivés, de manière qu'il y ait toujours
au corps de la Gendarmerie des Officiers en état de la
commander, & de faire exécuter les ordres de Sa Majefté.

X X X I V.

Service par an. INDÉPENDAMMENT de ce fervice des mois, tous
les Officiers de la Gendarmerie fe rendront tous les ans
à leur troupe; favoir, les Capitaines-lieutenans, fur les
ordres de Sa Majefté, le 1.er de Juillet; & les Sous-lieutenans, Enfeignes & Guidons, fur les ordres qui leur
feront adreffés par le Major, le 1.er Juin, pour y demeurer
tous jufqu'au 1.er de Septembre.

X X X V.

Congés des Maréchaux-des-logis, Fourriers, &c. IL ne fera jamais donné de congé à plus de deux
Maréchaux-des-logis, deux Brigadiers ou Sous-brigadiers
dans la même compagnie, en obfervant qu'ils ne foient
point tous les deux attachés à la même brigade.

Le Porte-étendard & les Fourriers ne pourront s'abfenter que pour des motifs indifpenfables, & ils feront
alors remplacés dans leurs fonctions pendant leur abfence,
par des Gendarmes choifis par les Commandans des
compagnies.

X X X V I.

Congés des Gendarmes, &c. LES Gendarmes qui pourront s'abfenter en vertu des
congés qu'ils en auront obtenus, ne pourront excéder le
tiers de la brigade; bien entendu qu'ils ne pourront fe
fervir de ces congés pour venir à Paris, fans une permiffion expreffe & par écrit du Commandant des compagnies, vifée de l'Aide-major en l'abfence du Major;

Voulant **Sa Majefté**, que ceux qui feront trouvés à Paris fans cette permiffion foient caffés.

X X X V I I.

LES Gendarmes qui après avoir fervi vingt ans dans la Gendarmerie, & qui par leurs infirmités fe trouveront hors d'état de continuer leurs fervices, auront le choix ou d'être reçus à l'Hôtel royal des Invalides, comme Lieutenans de Cavalerie, ou de fe retirer chez eux & non ailleurs, avec leur folde entière.

Récompenfe des Gendarmes qui auront fervi vingt ans.

X X X V I I I.

CEUX defdits Gendarmes qui n'auroient pas vingt ans de fervice, mais qui pour raifon de bleffures confidérables, reçues à la guerre, feroient hors d'état de continuer, auront de même le choix d'être reçus à l'Hôtel royal des Invalides, comme Lieutenans, ou de fe retirer chez eux & non ailleurs, avec la moitié de leur folde.

Récompenfe des Gendarmes qui auront des bleffures.

X X X I X.

LES Gendarmes qui n'auront vingt ans de fervice, qu'au moyen de ceux qu'ils auront rendus antérieure-ment dans d'autres corps, & qui ne pourront plus les continuer, auront le choix ou d'être reçus à l'Hôtel royal des Invalides, comme bas Officiers, ou de fe retirer chez eux & non ailleurs, avec la moitié de leur folde.

Récompenfe des Gendarmes qui n'auront pas vingt ans de fervice.

X L.

SA MAJESTÉ ayant donné une compofition uni-forme aux dix compagnies de la Gendarmerie, a jugé à propos de régler auffi un prix uniforme aux charges des Officiers fupérieurs, & Elle veut que le prix defdites charges foit fixé; favoir,

Prix des charges des Officiers fupérieurs.

Les charges de Capitaines-lieutenans, à cent cinquante mille livres.

Celles de Sous-lieutenans, à cent vingt mille livres.

Celles d'Enseignes & du Guidon des Gendarmes Écossois, à quatre-vingts mille livres.

Et celles de Guidons des autres compagnies, à soixante mille livres.

Voulant en conséquence Sa Majesté que ceux desdits Officiers supérieurs, qui n'auront pas payé le prix fixé par le présent article, déposent incessamment la somme qu'ils auront à payer pour parvenir à ce taux, chez le Trésorier général de l'Ordinaire des guerres.

X L I.

Taux des brevets de retenue.

SA MAJESTÉ en fixant le prix desdites charges, a bien voulu augmenter en même temps le taux auquel Elle avoit précédemment réglé que pourroient être portés les brevets de retenue qu'Elle veut bien accorder sur ces charges, & Elle a réglé qu'à l'avenir,

Les brevets de retenue des Capitaines-lieutenans pourront être portés jusqu'à quatre-vingts mille livres.

Ceux des Sous-lieutenans jusqu'à soixante mille livres.

Et ceux des Enseignes jusqu'à vingt mille livres.

L'intention de Sa Majesté n'étant point d'en accorder aux Guidons.

X L I I.

Forme pour l'exécution de l'ordonnance.

POUR parvenir à la nouvelle composition prescrite pour les dix compagnies de Gendarmerie ; Sa Majesté ordonne au sieur Comte de Lordat, Major & Inspecteur de la Gendarmerie, de se rendre incessamment dans les quartiers qu'elle occupe, pour procéder sur le champ à l'incorporation des six compagnies de Chevaux-légers, de la manière prescrite par l'article II.

X L I I I.

AUSSITÔT après l'incorporation, le Capitaine-lieutenant, le Sous-lieutenant, l'Enseigne & le Guidon, les moins anciens, chacun dans leur grade, des deux compagnies incorporées, cesseront les fonctions de leurs charges & seront réformés.

Les moins anciens Officiers de chaque grade réformés.

Sa Majesté donnera ses ordres pour faire rembourser incessamment les brevets de retenue que quelques-uns d'eux ont obtenus; & Elle fera payer annuellement à quatre desdits Officiers, le prix de leurs charges, & à tous, l'intérêt du prix desdites charges, jusqu'à leur parfait remboursement; se réservant Sa Majesté de les remplacer, à mesure que les occasions s'en présenteront; son intention étant qu'alors ils conservent parmi les Officiers de même grade, le rang qu'ils auront eu précédemment.

Remboursement des brevets de retenue & du prix des charges des Officiers réformés.

X L I V.

LE Capitaine-lieutenant, le Sous-lieutenant, l'Enseigne & le Guidon, les plus anciens, chacun dans leur grade, des deux compagnies incorporées, resteront pourvus des quatre charges de la compagnie, & Sa Majesté leur fera expédier les nouvelles provisions ou les brevets dont ils pourront avoir besoin.

Les plus anciens Officiers de chaque grade conservés.

X L V.

IL sera ensuite dressé un état, contenant les noms & services des Brigadiers, Sous-brigadiers & Gendarmes qui seront par leurs infirmités dans le cas d'être admis à l'Hôtel royal des Invalides, en conséquence des règlemens arrêtés pour la Gendarmerie; le Major enverra ledit état au Secrétaire d'État ayant le département de la guerre, qui leur fera expédier des routes pour s'y rendre.

Dresser un état de ceux qui devront être admis à l'Hôtel royal des Invalides.

X L V I.

Formation de trois Brigades.

LE Major formera enfuite les trois brigades dans chaque compagnie, & les compofera chacune du nombre d'hommes & de chevaux, fixé par l'article VII; obfervant de choifir dans les Gendarmes, les meilleurs fujets & ceux qui fe feront le plus diftingués par leurs fervices; & les chevaux les plus en état de fervir: Il aura auffi grande attention de diftribuer également dans les trois brigades, les plus anciens Gendarmes qui feront confervés dans la compagnie.

X L V I I.

Établiffement des Maréchaux-des-logis, Brigadiers, &c. dans chaque brigade.

LES trois brigades ainfi compofées, il placera à chacune, les deux Maréchaux-des-logis & les deux Brigadiers ou Sous-brigadiers qui doivent y être attachés, fuivant leur ancienneté :

Il établira pour Porte-étendard, le plus ancien Porte-étendard des deux compagnies incorporées, & fera prendre au fecond une place d'Appointé :

Il fera procéder enfuite au choix des fujets qui feront les plus propres à remplir les places de Fourriers, conformément à l'article XX; il fuppléera, pour cette fois feulement, aux Capitaines-lieutenans qui fe trouveront abfens, & il établira dans chaque compagnie, les fujets qu'il croira devoir préférer.

X L V I I I.

Formation des quatre compagnies du Roi.

LE Major procédera enfuite à la compofition nouvelle des quatre compagnies qui n'auront point reçu d'incorporation; il y placera les Maréchaux-des-logis & les Brigadiers ou Sous-brigadiers qui fe feront trouvés de trop dans les fix autres compagnies; il y fera auffi entrer tous les Gendarmes & les chevaux excédans des autres compagnies, & qu'il trouvera en état de servir.

X L I X.

APRÈS la formation des dix compagnies de la Gendarmerie, sur le pied de la nouvelle composition, les Maréchaux-des-logis & les Brigadiers & Sous-brigadiers qui se trouveront excédans, seront réformés, & jouiront en pensions sur le Trésor royal; savoir, les Maréchaux-des-logis, de six cents livres; & les Brigadiers ou Sous-brigadiers, de trois cents livres.

Maréchaux-des-logis & Brigadiers excédans réformés.

L.

LES Gendarmes qui se trouveront excédans, seront aussi réformés, & il leur sera donné, en remettant leur bandoulière, des congés pour se retirer chez eux avec leurs habit, chapeau & épée : Voulant Sa Majesté qu'avant leur départ, il leur soit fait en présence du Commissaire des guerres ordonné à la police de la Gendarmerie, le décompte de ce qui pourra leur être dû de leur solde, jusques & compris le jour de leur réforme, quand même ils seroient absens par congés, & que cette somme leur soit payée sur le champ, par l'Officier chargé du détail de la brigade dans laquelle ils auront servi.

Gendarmes excédans réformés, avec trente-six livres de gratification.

Il sera aussi donné à chacun de ceux qui seront présens, une gratification de trente-six livres pour se retirer chez eux.

L I.

A l'égard des chevaux qui seront excédans, Sa Majesté a bien voulu les laisser à la disposition des Chefs de brigade, sous la condition de payer à chacun des Gendarmes de leur brigade qui seront congédiés, la somme de trente-six livres, réglée par l'article L.

Vente des chevaux excédans au profit des Chefs de brigade.

L I I.

L'INTENTION de Sa Majefté eft qu'il foit dreffé, par le Commiffaire des guerres à la conduite & police de la Gendarmerie, qui fera préfent à l'exécution de la préfente ordonnance, des procès-verbaux de la nouvelle compofition des dix compagnies de la Gendarmerie, defquels procès-verbaux il enverra des doubles au Secrétaire d'État ayant le département de la guerre, & au Tréforier général de l'Ordinaire des guerres : Voulant Sa Majefté que les Appointemens, la Solde & la Maffe réglés aient lieu, à commencer du jour & de la date defdits procès-verbaux ; dérogeant Sa Majefté à tous règlemens & ordonnances précédemment rendus concernant la Gendarmerie, en tout ce qui s'y trouvera de contraire à la préfente.

MANDE & ordonne Sa Majefté, aux Capitaines-lieutenans defdites compagnies, & en leur abfence à ceux qui les commandent, au fieur Comte de Lordat Major & Infpecteur de la Gendarmerie, aux Commiffaires des guerres à la conduite & police dudit Corps, de tenir la main à l'exécution de la préfente ordonnance, laquelle Sa Majefté veut être lue & publiée à la tête de la Gendarmerie, à ce qu'aucun n'en prétende caufe d'ignorance. FAIT à Verfailles le cinq juin mil fept cent foixante-trois. *Signé* LOUIS. *Et plus bas,* LE DUC DE CHOISEUL.